（清）省庵法师 著

续嘉兴藏·省庵法师卷（上）

《续嘉兴藏》编纂委员会 编

浙江大学出版社

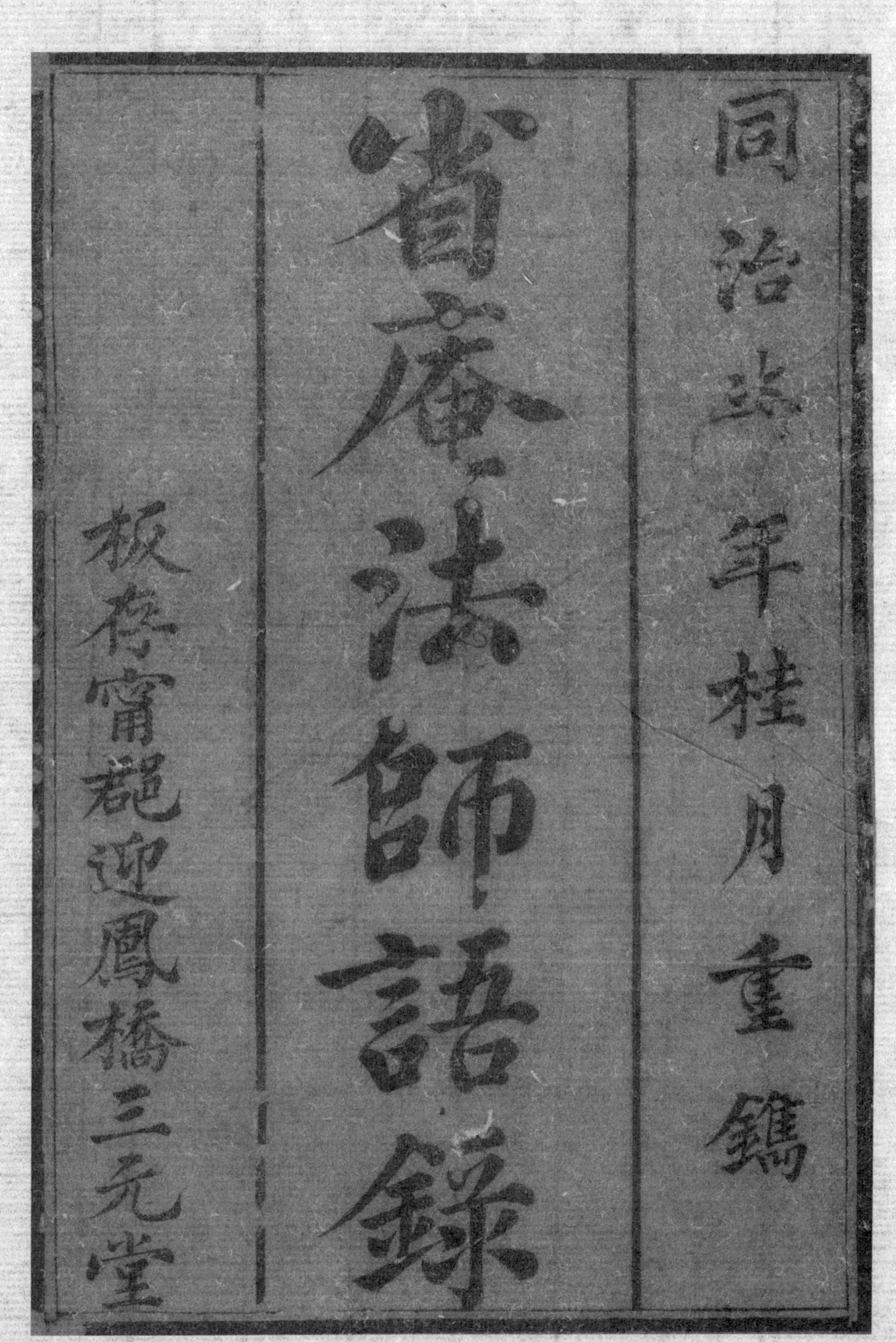
同治[illegible]年桂月重鐫

省庵法師語錄

板存甯郡迎鳳橋三元堂

省庵法師遺書敘

省庵法師遺藁向有流通本其弟子際本所錄而正因刻之者也其淨土詩勸發菩提心文涅槃會發願文別爲一錄余從畀趨龍興寺得一鈔本亦本公所錄中多詩偈乃刻本所未及寺僧妥公屬余會三爲一稍有芟汰擇其切要者登之既卒業以授妥公刻行于世而以師所注雲棲發願文東海若解附之余讀師勸發菩提心文未嘗不汗浹背涕沾衣也昔我世尊始成正覺歎曰奇哉奇哉無一衆生而不具有如來智慧但以妄想顛倒執著不能證得若離妄想

蓋自廬山結社人知六時念佛能免輪轉是以歷來尊宿往往單提一門方便垂示惟期同登大願船也省菴法師語錄上下二卷並西方發願文註東海若解義極圓融詞尤剴切洵為苦海之慈航樂邦之捷徑焉第板藏鄰省戶誦者希吳君縠芳法名圓成發心重梓廣為流通自利利他福慧殊勝昔賢有為房寘圖勸人念佛時乃往生甚衆後即歸功施者同生淨土茲鐫流布如法執持功德不可思議殘年幸覩無量歡喜謹誌數語於後讚歎而廣勸之

咸豐元年歲次辛亥中春佛弟子張復敬書

省庵法師語錄目次

卷上

序言

编者

儒释道思想是中国传统文化的主要组成部分。三家思想，都通过经典著作的结集与传播而得以代代相传，比如儒家的十三经，释家的《大藏经》、道家的《道藏》。整理、结集与出版相关著述，是中国传统文化薪尽火传的重要途径。

二十一世纪，国与国之间有合作，也有竞争。

如何在与其他人类文明成果交流互鉴中寻求更新与发展，进而增强民族文化自信，是我们这一代人面临的重大课题。

中共中央办公厅、国务院办公厅在2017年一月下发的《关于实施中华优秀传统文化传承发展工程的意见》中指出：『各地区、各部门要实施国家古籍保护工程，完善国家珍贵古籍名录和全国古籍重点保护单位评定制度，加强中华文化典

籍整理编纂出版工作。”《续嘉兴藏》就是在这种背景下，由嘉兴市民族宗教事务局原局长陈国华先生倡议，嘉兴市佛教协会会长贤宗法师统领编纂、慧拙居士与一增居士负责具体事务的佛教典籍整理出版项目。

《续嘉兴藏》是《嘉兴藏》的延续，是对《嘉兴藏》释家经典结集事业的继承与发展。《嘉兴藏》又名《径山藏》《方册藏》，是中华大藏经诸

版本中规模最为庞大、内容最为丰富的一种。由明代著名思想家、嘉兴乡贤袁了凡先生倡议，一代名僧紫柏主持刊刻。其中，紫柏的弟子密藏道开与幻予法本做出了重大贡献。作为现存大藏经中第一部线装方册本，计《正藏》210函，《续藏》90函，《又续藏》43函，2090部，12600余卷。该藏除了改历来佛教典籍沿用的折装式装帧为轻便的线装书册式外，还在《续藏》和《又续藏》中

收集了大量的藏外著述，包括疏释、忏仪、语录等，具有重要的文献价值。

《嘉兴藏》的主体，由明万历年间至清康熙年间几代僧人陆续刊刻而成。康熙之后，虽有零星刊刻，但已属余流。从康熙末年至今，已近300年了。这300年间，高僧大德层出，释家著述也不断涌现。今逢国富民强，先贤的德业我们理应继承并发扬光大。编撰《嘉兴藏》的续集，也成为

新时代文化建设的重要课题。

今天，我们整理编撰《续嘉兴藏》，即是赓续《嘉兴藏》的宏伟事业。把《嘉兴藏》之后近300年来的释家著述、语录及高僧大德传记，按照时代顺序，以别集的形式陆续整理出版，以此延续释家文化命脉，必将有助于我们当代的文化建设，必将有助于中华文明参与人类文明的对话交流，也必将增加中华民族的文化自信，为人

共命运共同体的构建做出更大贡献。

来命运共同体的构建做出更大贡献。

整理说明

编者

省庵法师（1685—1734），系清代高僧，俗姓时，名实贤，字思齐，江苏常熟人。康熙二十四年（一当代学者张景岗推测省庵法师是康熙二十五年出生，但未有足够证据。此处采用清律然《行庵法师传》中之记载）八月初八出生，其家世代修儒业，故年少时便通世典，能诗，善书法。十五岁出家，曾至普仁寺，见一僧突然扑地而死，瞿然领悟世间无常，从此用功精进勇猛。二十四岁受具足戒。通达天台、法相学说，为天台宗灵峰派四世传人。其著作《劝发菩提心文》《涅槃会发愿文》《劝修净土诗》等流传甚广。雍正十二年四月十二日，预知时至，对徒众嘱以后事。四月十四日合掌称佛名而逝。临终前，对请求其住世度生的徒众说：『我去即来。生死事大，各自净心念佛。』因

其对净土宗的重大贡献，省庵法师被后人称为净土宗第十一代祖师。省庵法师逝世后，其弟子际本将其著述辑为《思齐大师遗稿》，弟子正因募刻流通于世。至乾隆五十年（1785），彭际清居士于龙兴寺又得际本所录之抄本，内有诗偈，为刻本所无，于是将省庵法师遗稿重加编订，择要合编为上下两卷，并更名为《省庵法师遗书》，次年刻行于世。清咸同年间屡遭兵燹，其版既不存，

书亦罕觅。同治七年（1868），净业弟子念西等人在宁郡迎凤桥三元堂集资重刻（以下简称为『同治七年本』），共印五十册。本书即据此为底本，并在个别词句上，参照了台湾法敬本（台湾法敬本系2008年由三宝弟子法敬于台湾省台北市刊印发行流通）。

为便于现代人学习研究，本书采用简体字重新排版。对于原书中存在的通假字、古今字，也

为方便读者阅读起见，做了径改：如『然』改为『燃』，『莫』改为『暮』等。

《省庵法师遗书》贝墉跋文与年谱，据台湾法敬本补入。

《西方发愿文注》与《东海若解》，原附于同治七年本，今不附。他日出版疏解类文章时再拟选入。

選入。

語又并本，今不附。[illegible]日出版[illegible]解美文章[illegible]救

《西方發願文注》正《東海若解》，原附于同

語錄本補入。

《省庵法師遺書》見《廣錄》文正年譜，據台灣

古「泉」「真」改「[illegible]」「暮」「[illegible]」「華」。

古今東[illegible]春閣[illegible]見，[illegible]一[illegible]改：古「泉」改

目次

省庵法师语录卷上

目次

省庵法师语录卷下

附录

附录

省庵法师遗书叙

彭际清

省庵法师遗稿。向有流通本。其弟子际本所录。而正因刻之者也。其净土诗、劝发菩提心文、涅槃会发愿文。分别为一录。余从吴趋龙兴寺得一钞本。亦本公所录。中多诗偈。乃刻本所未及。寺僧安公嘱余会三为一。稍有芟汰。择其切要者登之。既卒业。以授安公。刻行于世。而以师所注云栖发愿文、东海若解附之。余读师劝发菩提心文。未尝不汗浃背、泽沾衣也。昔我世尊始成正觉。叹曰。奇哉奇哉。无一众生而不具有如来智慧。但以妄想颠倒执着。不能证得。若离妄想。一切智、自然智、无碍智则得现前。吾壹不解此诸众生。于妄想执着。何苦而不离。于如来智慧。又何惮而不证。卒乃舍父逃逝。长劫漂流。甘为客作贱人。而不知反。此无他故。不觉而已矣。

菩提心者。即觉之异名。不觉。则现前妄想执着。全是如来智慧。盖如来智慧无体。以众生妄想为体。众生妄想无体。以如来智慧为体。如水成波。全波是水。从本以来。毕竟常住无余涅槃故。然而觉与不觉之分。由不可以自瞒自昧者也。于此瞿然而思。書然以解。则菩提心之义。自有沛然莫御者。此心既发。一切智、自然智、无碍智。又何用他求哉。师生当像季之余。因睹舍利。顿

发大心。其生平。行在梵网。志在西方。发而为言。披肝露胆。一片血诚。故发挥谛。又足以命。真末法之精进幢也。昔善财童子遍参知识。首于文殊所。得根本智。继见德云。复闻念佛法门。其卒也。普贤以十大愿王导归极乐。观师之志事。抑何与华严大士之谋而合辙哉。故言菩提心者。遍一切处。何有智者。厌东愿西。若大心凡夫。初入法界。未证无生忍。一经胎狱。便昧夙因。

教各得其正。皆有其功。岂独释家幸有其人而已哉。如法师遗书诗文。明儒通释。阐释辅儒。与夫垂示念佛修净土。惟精惟一。至简至明。洵为苦海慈航。迷途宝筏。因兵燹后。书既鲜觏。板又莫存。邗上重宁海云禅师。亟图续刻广布。亦犹秉烛于夜行。指津于失路。予乐助之。以成其志。由斯人得追溯源流。同归正觉。复明本体。胥获真诠。将见莲宗缵绪。代不乏人。左道异端。概无惑世。岂非吾侪之至幸。九祖之厚望也欤。

同治十一年腊八日。山阴守源氏陈悟侯敬序。

省庵法师遗书叙

张悟基

省庵法师遗书。乃传莲宗正脉书也。海云禅师为之重镌。得于净业正本清源。厥功伟矣。吾复请以莲宗初祖至九祖传全刊布。适同其意。嘱

缀数语。以坚奉持。因摅管见曰。夫莲宗。正宗也。正教也。学者得之。犹木从绳。则正也。然学者之得与不得。视人之幸与不幸耳。幸则诚意正心。自得正学。不幸则不得其正。灾必逮夫身。所谓修身。在正其心。未有心不正而能身修也。禅师既自幸得正传。复愿善与人同。人得同聆正言。同归正道。善哉善哉。先独善而后兼善者也。如人尽同其心。正己正人。皆成正果。天下安有

不幸者乎。书至此。万籁俱寂。一月在天。复得一偈曰。天地如逆旅。人皆是过客。惟有圣贤心。长明同日月。

同治十二年立秋日。兰亭山耕根氏张悟基谨识。

省庵法师语录卷上

净业学人彭际清　重订

劝发菩提心文

不肖愚下凡夫僧实贤。泣血稽颡。哀告现前大众。及当世净信男女等。唯愿慈悲。少加听察。尝闻入道要门。发心为首。修行急务。立愿居先。愿立则众生可度。心发则佛道堪成。苟不发广大心。立坚固愿。

则纵经尘劫。依然还在轮回。虽有修行。总是徒劳辛苦。故华严经云。忘失菩提心。修诸善法。是名魔业。忘失尚尔。况未发乎。故知欲学如来乘。必先具发菩萨愿。不可缓也。然心愿差别。其相乃多。若不指陈。如何趣向。今为大众略而言之。相有其八。所谓邪、正、真、伪、大、小、偏、圆是也。云何名为邪、正、真、伪、大、小、偏、圆耶。世有行人。一向修行。不究自心。但知外务。或求利养。或好名闻。或贪现世欲乐。或望未来果報。若是發心。名之為邪。既不求利養名聞。又不貪欲樂果報。唯為生死。為菩提。若是發心。名之為正。念念上求佛道。心心下化眾生。聞佛道長遠。不生退怯。觀眾生難度。不生厭倦。若登萬仞之山。必窮其頂。若上九層之塔。必造其巔。若是發心。名之為真。有罪不懺。有過不除。內濁外清。始勤終怠。雖有好心。多為名利之所夾雜。雖有善法。復為罪業之所染污。若是發心。名之為偽。眾生界盡。我願方盡。菩提道成。我願方成。若是發心。名之為大。觀三界若牢獄。視生死若冤家。但期自度。不欲度人。若是發心。名之為小。若於心外。見有眾生。及以佛道。願度願成。功勳不忘。知見不泯。若是發心。名之為偏。若知自性是眾生。故願度脫。自性是佛道。故願成就。不見一法。離心別有。以虛空之心。發虛空之願。行虛空之行。證虛空之果。亦無虛空之相可得。若是發心。名之為圓。知此八種差別。則知審察。知審察。則知去取。

省庵法師語錄卷上

知去取。则可发心。云何审察。谓我所发心。于此八中。为邪为正。为真为伪。为大为小。为偏为圆。云何去取。所谓去邪去伪。去小去偏。取正取真。取大取圆。如此发心。方得名为真正发菩提心也。此菩提心。诸善中王。必有因缘。方得发起。今言因缘。略有十种。何等为十。一者念佛重恩故。二者念父母恩故。三者念师长恩故。四者念施主恩故。五者念众生恩故。六者念死生苦故。七者尊重己灵故。八者忏悔业障故。

九者求生净土故。十者为念正法得久住故。云何念佛重恩。谓我释迦如来。最初发心。为我等故。行菩萨道。经无量劫。备受诸苦。我造业时。佛则哀怜。方便教化。而我愚痴。不知信受。我堕地狱。佛复悲痛。欲代我苦。而我业重。不能救拔。我生人道。佛以方便。令种善根。世世生生。随逐于我。心无暂舍。佛初出世。我尚沉沦。今得人身。佛已灭度。何罪而生末法。何福而预出家。何障而不见金身。何幸而躬逢舍利。如是思惟。向使

不种善根。何以得闻佛法。不闻佛法。焉知常受佛恩。此恩此德。丘山难喻。自非发广大心。行菩萨道。建立佛法。救度众生。纵使粉骨碎身。岂能酬答。是为发菩提心第一因缘也。云何念父母恩。哀哀父母。生我劬劳。十月三年。怀胎乳哺。推干去湿。咽苦吐甘。才得成人。指望绍继门风。供承祭祀。今我等既已出家。滥称释子。忝号沙门。甘旨不供。祭扫不给。生不能养其口体。死不能导其神灵。于世间则为大损。于出世又无实益。两途既失。重罪难逃。如是思惟。唯有百劫千生。常行佛道。十方三世。普度众生。则不唯一生父母。生生父母俱蒙拔济。不唯一人父母。人人父母尽可超升。是为发菩提心第二因缘也。云何念师长恩。父母虽能生育我身。若无世间师长。则不知礼义。若无出世师长。则不解佛法。不知礼义。则同于异类。不解佛法。则何异俗人。今我等粗知礼义。略解佛法。袈裟被体。戒品沾身。此之重恩。从师长得。若求小果。

苦痛谁知。饥虚安诉。我虽不见不闻。彼必求拯求济。非经不能载此事。非佛不能道此言。彼邪见人。何由知此。是故菩萨观于蝼蚁。皆是过去父母。未来诸佛。常思利益。念报其恩。是为发菩提心第五因缘也。云何念生死苦。谓我与众生。从旷劫来。常在生死。未曾解脱。人间天上。此界他方。出没万端。升沉片刻。俄焉而天。俄焉而人。俄焉而地狱、畜生、饿鬼。黑门朝出而暮还。铁窟暂离而又入。登刀山也。则举体无完肤。攀剑树也。则方寸皆割裂。热铁不除饥。吞之则肝肠尽烂。洋铜难疗渴。饮之则骨肉都糜。利锯解之。则断而复续。巧风吹之。则死已还生。猛火城中。忍听叫嚎之惨。煎熬盘里。但闻苦痛之声。冰冻始凝。则状似青莲蕊结。血肉既裂。则身如红藕花开。一夜死生。地下经历万遍。一朝苦痛。人间已过百年。频烦狱卒疲劳。谁信阎翁教诫。受时知苦。虽悔何追。脱已还忘。作业如故。鞭驴出血。谁知我母之悲。牵豕就屠。焉识乃翁之痛。食其子而不知。文王尚尔。啖其亲而未识。凡类皆然。当年恩爱。今作冤家。昔日寇仇。今成骨肉。昔为母而今为妇。旧是翁而新作夫。宿命知之。则可羞可耻。天眼视之。则可笑可怜。粪秽丛中。十月包藏难过。脓血道里。一时倒下可怜。少也何知。东西莫辨。长而有识。贪欲便生。须臾而老病相寻。迅速而无常又至。风火交煎。神识于中溃乱。精血既竭。皮肉自外干枯。无一毛而

不被针钻。有一窍而皆从刀割。龟之将烹。其脱壳也犹易。神之欲谢。其去体也倍难。心无常主。类商贾而处处奔驰。身无定形。似房屋而频频迁徙。大千尘点。难穷往返之身。四海波涛。孰计别离之泪。峨峨积骨。过彼崇山。莽莽横尸。多于大地。向使不闻佛语。此事谁见谁闻。未睹佛经。此理焉知焉觉。其或依前贪恋。仍旧痴迷。只恐万劫千生。一错百错。人身难得而易失。良时易往而难追。道路冥冥。别离长久。三途恶报。

还自受之。痛不可言。谁当相代。兴言及此。能不寒心。是故宜应断生死流。出爱欲海。自他兼济。彼岸同登。旷劫殊勋。在此一举。是为发菩提心第六因缘也。

云何尊重己灵。谓我现前一心。直下与释迦如来无二无别。云何世尊无量劫来。早成正觉。而我等昏迷颠倒。尚做凡夫。又佛世尊则具有无量神通智慧。功德庄严。而我等则但有无量业系烦恼。生死缠缚。心性是一。迷悟天渊。静言思之。岂不可耻。譬如无价宝珠。

没在淤泥。视同瓦砾。不加爱重。是故宜应以无量善法。对治烦恼。修德有功。则性德方显。如珠被濯。悬在高幢。洞达光明。映蔽一切。可谓不孤佛化。不负己灵。是为发菩提心第七因缘也。云何忏悔业障。经言犯一吉罗。如四天王寿五百岁。堕泥犁中。吉罗小罪。尚获此报。何况重罪。其报难言。今我等日用之中。一举一动。恒违戒律。一餐一水。频犯尸罗。一日所犯。亦应无量。何况终身历劫。所起之罪。更不可言矣。

且以五戒言之。十人九犯。少露多藏。五戒名为优婆塞戒。尚不具足。何况沙弥、比丘、菩萨等戒。又不必言矣。问其名。则曰我比丘也。问其实。则尚不足为优婆塞也。岂不可愧哉。当知佛戒不受则已。受则不可毁犯。不犯则已。犯则终必堕落。若非自愍愍他。自伤伤他。身口并切。声泪俱下。普与众生。求哀忏悔。则千生万劫。恶报难逃。是为发菩提心第八因缘也。

云何求生净土。谓在此土修行。其进道也难。彼土往生。

其成佛也易。易故一生可致。难故累劫未成。是以往圣前贤。人人趣向。千经万论。处处指归。末世修行。无越于此。然经称少善不生。多福乃致。言多福。则莫若执持名号。言多善。则莫若发广大心。是以暂持圣号。胜于布施百年。一发大心。超过修行历劫。盖念佛本期作佛。大心不发。则虽念奚为。发心原为修行。净土不生。则虽发易退。是则下菩提种。耕以念佛之犁。道果自然增长。乘大愿船。入于净土之海。西方

决定往生。是为发菩提心第九因缘也。云何令正法久住。谓我世尊无量劫来。为我等故。修菩提道。难行能行。难忍能忍。因圆果满。遂致成佛。既成佛已。化缘周讫。入于涅槃。正法像法。皆已灭尽。仅存末法。有教无人。邪正不分。是非莫辨。竞争人我。尽逐利名。举目滔滔。天下皆是。不知佛是何人。法是何义。僧是何名。衰残至此。殆不忍言。每一思及。不觉泪下。我为佛子。不能报恩。内无益于己。外无益于人。生无益于

时。死无益于后。天虽高不能覆我。地虽厚不能载我。极重罪人。非我而谁。由是痛不可忍。计无所出。顿忘鄙陋。忽发大心。虽不能挽回末运于此时。决当图护持正法于来世。是故偕诸善友。同到道场。述为忏摩。建兹法会。发四十八之大愿。愿愿度生。期百千劫之深心。心心作佛。从于今日。尽未来际。毕此一形。誓归安养。既登九品。回入娑婆。俾得佛日重辉。法门再阐。僧海澄清于此界。人民被化于东方。劫运为

之更延。正法得以久住。此则区区真实苦心。是为发菩提心第十因缘也。如是十缘备识。八法周知。则趣向有门。开发有地。相与得此人身。居于华夏。六根无恙。四大轻安。具有信心。幸无魔障。况今我等又得出家。又受具戒。又遇道场。又闻佛法。又瞻舍利。又修忏法。又值善友。又具胜缘。不于今日发此大心。更待何日。唯愿大众。愍我愚诚。怜我苦志。同立此愿。同发是心。未发者今发。已发者增长。已增长者今令

相续。勿畏难而退怯。勿视易而轻浮。勿欲速而不久长。勿懈怠而无勇猛。勿委靡而不振起。勿因循而更期待。勿因愚钝而一向无心。勿以根浅而自鄙无分。譬诸种树。种久则根浅而日深。又如磨刀。磨久则刀钝而成利。岂可因浅勿种。任其自枯。因钝弗磨。置之无用。又若以修行为苦。则不知懈怠尤苦。修行则勤劳暂时。安乐永劫。懈怠则偷安一世。受苦多生。况乎以净土为舟航。则何愁退转。又得无生为忍力。则何虑艰难。

之更延。正法因之久住。此則區區真實苦心。是為發菩提心第十因緣也。如是十緣備識。八法周知。則趨向有門。開發有地。相與得此人身。居於華夏。六根無缺。四大輕安。具有信心。幸無魔障。況今我等又得出家。又受具戒。又遇道場。又聞佛法。又瞻舍利。又修懺法。又值善友。又具勝緣。不于今日發此大心。更待何日。惟願大眾。愍我愚誠。憐我苦志。同立此願。同發是心。未發者今發。已發者增長。已增長者今令

相續。勿畏難而退怯。勿視易而輕浮。勿欲速而不久長。勿懈怠而無勇猛。勿委靡而不振起。勿因循而更期待。勿因愚鈍而一向無心。勿以根淺而自鄙無分。譬諸種樹。種久則根淺而日深。又如磨刀。磨久則刀鈍而成利。豈可因淺不種。任其自枯。因鈍不磨。置之無用。又若以修行為苦。則不知懈怠尤苦。修行則勤勞暫時。安樂永劫。懈怠則偷安一世。受苦多生。況乎以淨土為舟航。則何愁退轉。又得無生為忍力。則何慮惑難。

当知地狱罪人。尚发菩提于往劫。岂可人伦佛子。不立大愿于今生。无始昏迷。往者既不可谏。而今觉悟。将来犹尚可追。然迷而未悟。固可哀怜。苟知而不行。尤为痛惜。若惧地狱之苦。则精进自生。若念无常之速。则懈怠不起。又须以佛法为鞭策。善友为提携。造次弗离。终身依赖。则无退失之虞矣。勿言一念轻微。勿谓虚愿无益。心真则事实。愿广则行深。虚空非大。心王为大。金刚非坚。愿力最坚。大众诚能不弃我语。则菩提眷属。从此联姻。莲社宗盟。自今缔好。所愿同生净土。同见弥陀。同化众生。同成正觉。则安知未来三十二相。百福庄严。不从今日发心立愿而始也。愿与大众共勉之。幸甚幸甚。

涅槃会发愿文

仰白十方三宝。释迦本师。弥陀慈父。观音势至。涅槃会上一切圣贤。唯愿慈悲。证明发愿。比丘某与現前大众。建立此会。并发大心。有十种因缘。何等为十。一者念佛重恩难报故。二者念父母恩故。三者念生死苦故。四者自循不见佛故。五者瞻佛法欲灭故。众生可愍故。六者舍利难值。自欣得值故。七者涅槃难遇。生悲恋心故。八者令诸众生。未种善根。令得下种。已种善根。令增长故。九者令诸众生。归佛法僧故。十者为现前大众。同发誓願。求生净土故。即于佛前合掌。恭敬而发誓言。第一願者。願我过去父母。历劫亲缘。承三宝力。速离恶趣。得生人天。精求修行。悉得成佛。第二願者。願我无始以来诸不善业。悉皆消灭。永尽无余。第三願者。願我无始以来贪愛煩惱。永尽无余。亦令众生皆得断除一切贪愛。第四願者。願我无始以来嗔恚煩惱。永尽无余。亦令众生皆得断除一切嗔恚。第五願者。願我无始以来邪見煩惱。永尽无余。亦令众生皆得断除一切邪見。第六願者。願我現生之中。一切魔事皆悉远离。一切恶报悉皆不受。至得无生忍时。以我色身。代诸众生受无量苦。令其皆得一切安乐。第七愿者。愿我速证念佛三昧。心心无间。念念相应。于佛菩提。永无退转。第八愿者。愿我得大智慧。悉皆通达一切佛法。第九愿者。愿我得大辩才。阐扬净土法门。令无量人咸生彼国。第十愿者。愿得闻持陀罗尼门。自然记忆一切经典。为人演说而无疲倦。第十一愿者。愿我得大忍力。具大观智。不为名闻利养之所劫夺。不为爱憎毁

誉之所伤害。于五浊世善化众生。第十二愿者。愿我大小律仪。性业遮业。悉得清净。安住梵行。成就众生。第十三愿者。愿我临命终时。预知时至。身心自在。正念分明。弥陀圣众。持金莲花。来迎接我。如一念顷生极乐国。令诸闻见。咸发信心。皆得修行。生彼国土。第十四愿者。愿我生净土后。悟无生忍。还来化度一切众生。同生极乐。第十五愿者。愿我诸佛出世。长得值遇。亲近供养。佛初成道。劝转法轮。佛入涅槃。

请久住世。法欲灭时。护持正法。令得久住。无佛法处。兴显佛法。开示众生。第十六愿者。愿我生净土后。速入娑婆。以神通愿力。令释迦佛法。延至弥勒出时。不使断绝。第十七愿者。愿我来世。宏阐毗尼。建立正法。先以戒律摄诸众生。后以定慧而成就之。第十八愿者。愿我来世。具足智慧辩才力故。令一切外道所有议论。皆悉破坏。一切邪见。同归正见。第十九愿者。愿我来世具足神通天眼。见有众生应折

伏则折伏。应摄受则摄受。令其增长善根。调伏恶念。第二十愿者。愿我来世化度众生。知诸众生。欲行恶法未成就者。我现恶相而恐怖之。令其恶事皆悉不成。第二十一愿者。若有众生。欲行善法未成就者。我现善相而喜悦之。令其善事皆速成就。第二十二愿者。若有众生。已作之罪。有惭愧心。欲忏悔者。闻我名号。乃至十恶五逆。无不消灭。第二十三愿者。若诸众生。现在作善。有懈怠心。欲退失者。闻我名号。乃至一

毫之善。永无退转。复更勤修一切善法。第二十四愿者。愿我来世化度众生。于贫穷者。令得伏藏。于病苦者。令得良药。饥渴众生。令得饮食。裸形众生。令得衣服。厄难众生。解脱众苦。失道众生。示以正道。愚痴众生。令得智慧。乃至一切所须。皆令果遂。使诸众生。先得世乐。后得出世无上法乐。第二十五愿者。愿我来世。于刀兵劫。现为良将。殄灭干戈。于疾疫世。现作药草。救疗众病。于饥馑世。现作稻粮。于

热恼处。现作凉风。于枯槁处。现为甘雨。于险阻处。现作津梁。于昏暗处。现为灯火。随诸众生所欲得者。皆现作之。令诸众生。若行、若住、若坐、若卧。咸得安乐。发菩提心。第二十六愿者。愿我来世拥护佛法。于阎浮提现作国王大臣。威德自在。化导人民。令行佛法。于其国界永断杀业。不行恶事。诸有不信谤三宝者。即以势力而摧伏之。第二十七愿者。我于来世救度众生。现作摩竭大鱼。以自身肉施与众生。随取

隨生。不可窮盡。故身現作金翅鳥王、龍王、龜王、
牛王、象王、諸畜王等。一一衆中。威德勢力。超勝一
切。化諸同來。舍離惡道。發菩提心。第二十八願者。
故有衆生愚癡無智。雖有信樂。不解佛法。雖修道行。
不達法相。雖欲誦讀。不能記憶。雖欲坐禪。不除昏
障。乃至起心作善。便生障礙。或為惡魔惡友之所攝者。
故以神力。令其智慧開明。了达法相。一切魔事皆悉
远離。一切善法皆速成就。第二十九願者。故有衆生
不具信根。無惡不造。故于是人。信生怖懼。方便教化。
隨逐不舍。經無量劫。此人若不發菩提心。故終不舍。
變悲救濟。第三十願者。救于末世佛法衰微。邪魔亦盛。
諸不善法聚集之時。願以大悲神力。隨有惡魔止住之
處。我現恐怖相而恐怖之。使其意欲破法。心即迷悶。
口欲謗法。舌不能動。身欲作惡。足不得舉。發竟眼散。
惡魔諸天。第三十一願者。我以廣救衆生故。入于地獄。
代受衆苦。其中所有一切苦事。皆集我身。令彼衆生

发菩提心。生入天界。第三十二愿者。若有饿鬼猛火炽然。求索饮食而不得者。我以大悲神力。手出香乳。皆令饱满。身心安乐。发菩提心。第三十三愿者。一切畜生以恶业故。当受刀砧宰割种种诸苦。我以大悲神力。为其代受。或复示入其中。令行杀者。改悔修善。发菩提心。第三十四愿者。有诸天众以天福故。骄慢放逸。我现天身而警诫之。令其觉悟无常。速出三界。第三十五愿者。若有众生欲求声闻缘觉乘者。我以方

便。令其先证小果。即便回心入菩萨乘。第三十六愿者。或有众生乐著小法。毁谤大乘。复有众生执著权教。不信圆顿。或复执空谤有。执有谤空。执著空有。毁谤中道。乃至于佛法中生种种异见者。我以智慧辩才力故。破诸异论。悉灭无余。建立一乘无上佛法。咸令众生于正法中。永无疑惑。第三十七愿者。我为化度行恶众生。示同其类。不染恶法。令诸同类信服随从。凡所言说。悉皆听受。渐舍恶行。修行善法。第

三十八愿者。我为化度诸比丘等。示现种种方便。于比丘众中。有盗三宝物。破斋犯戒。种种邪见。不信因果者。此人以是因缘。当堕地狱。我为现作执金刚神。诸鬼神等。或复现作地狱之相。显示目前种种境界而恐怖之。使其已作之罪。发露忏悔。未作之罪。不敢复作。离地狱因。修出世业。第三十九愿者。愿复无量三昧神通智慧。悉能受持一切佛法。第四十愿者。凡我所修布施持戒一切功德。悉皆回向一切众生。

一一众生受我施已。所有愿求。悉皆果遂。所不愿者。咸皆舍离。第四十一愿者。一切菩萨所有无量难行苦行。我皆修学。尽未来际。无有疲厌。第四十二愿者。一切菩萨所有慈悲誓愿。功德智慧。我皆摄取。无有遗余。第四十三愿者。愿我往诣十方世界供养诸佛。以一切花、一切香、一切灯、一切果、一切饮食衣服、幢幡宝盖、伎乐歌舞。皆悉出过诸天所有。奉上诸佛。诸佛为我说法之时。悉皆听受。乃至一文一句。无有遗忘。第

四十四愿者。愿我生生世世不忘本愿。常在此土救苦众生。第四十五愿者。愿我弥勒出世。最先值遇。闻法得果。彼佛临涅槃时。我当奉献最后供养。如是乃至楼至如来出世。亦复如是。第四十六愿者。众生未尽。地狱未空。业海未干。苦轮未息。我终未愿先成佛道。第四十七愿者。愿我竖历尘劫。横周沙界。以无量身业。无量口业。无量意业。供养诸佛。化度众生。第四十八愿者。我若成佛。世界广博。无量佛土为一佛土。

佛身常住。佛法不灭。所有国界最极庄严。超过一切恒沙佛国。亦无正法、像法。亦无地狱、饿鬼、畜生、阿修罗等。及诸魔、魔民。虽有天人。皆大菩萨。彼佛色身不可思议。所有相好不可思议。所放光明不可思议。所有眷属不可思议。所化众生不可思议。以要言之。若依、若正、若主、若伴。皆不可思议。此愿不满。终不作佛。发是愿已。复与现前大众异口同音而说偈言。

生生难脱　轮回难避　净念难纯　妄心难制
勿学虚头　勿谈杂语　奉劝诸人　切莫容易

示吕居士偈

念佛无难事　所难在一心　一心亦无难
难在断爱根　当观此身体　臭秽难具论
内外及中间　无一清净物　己身既如此
它身亦复然　深生厌恶心　慎勿生贪著

当观极乐国　纯是莲花生　不假父母胎
寿命原无量　一念念佛时　莲花即化生
若能无间断　决定生安养

警世偈

茫茫大梦中　长夜谁能寤　反恋梦中欢
将醒还重做　做得不如前　一错是百错
做得胜如前　依然空懡㦬　造了梦中业

三十八愿者。我为化度诸比丘等。示现种种方便。于比丘众中。有盗三宝物。破斋犯戒。种种邪见。不信因果者。此人以是因缘。当堕地狱。我为现作执金刚神。诸鬼神等。或复现作地狱之相。显示目前种种境界而恐怖之。使其已作之罪。发露忏悔。未作之罪。不敢复作。离地狱因。修出世业。第三十九愿者。愿复无量三昧神通智慧。悉能受持一切佛法。第四十愿者。凡我所修布施持戒一切功德。悉皆回向一切众生。

一一众生受我施已。所有愿求。悉皆果遂。所不愿者。咸皆舍离。第四十一愿者。一切菩萨所有无量难行苦行。我皆修学。尽未来际。无有疲厌。第四十二愿者。一切菩萨所有慈悲誓愿。功德智慧。我皆摄取。无有遗余。第四十三愿者。愿我往诣十方世界供养诸佛。以一切花、一切香、一切灯、一切果、一切饮食衣服、幢幡宝盖、伎乐歌舞。皆悉出过诸天所有。奉上诸佛。诸佛为我说法之时。悉皆听受。乃至一文一句。无有遗忘。第

四十四愿者。愿我生生世世不忘本愿。常在此土救苦众生。第四十五愿者。愿我弥勒出世。最先值遇。闻法得果。彼佛临涅槃时。我当奉献最后供养。如是乃至楼至如来出世。亦复如是。第四十六愿者。众生未尽。地狱未空。业海未干。苦轮未息。我终未愿先成佛道。第四十七愿者。愿我竖历尘劫。横周沙界。以无量身业。无量口业。无量意业。供养诸佛。化度众生。第四十八愿者。我若成佛。世界广博。无量佛土为一佛土。

佛身常住。佛法不灭。所有国界最极庄严。超过一切恒沙佛国。亦无正法、像法。亦无地狱、饿鬼、畜生、阿修罗等。及诸魔、魔民。虽有天人。皆大菩萨。彼佛色身不可思议。所有相好不可思议。所放光明不可思议。所有眷属不可思议。所化众生不可思议。以要言之。若依、若正、若主、若伴。皆不可思议。此愿不满。终不作佛。发是愿已。复与现前大众异口同音而说偈言。

稽首释迦文　真身舍利塔　甚深微妙法
大般涅槃经　一切诸菩萨　缘觉声闻众
我以至诚心　发此真实愿　愿我先父母
累劫众亲缘　彼此尽超升　自他俱解脱
贪嗔痴永断　戒定慧常修　不起杀盗淫
及以诸邪见　已生恶永灭　未生更不生
过去诸恶业　当受地狱苦　速得无生忍
千万倍偿还　愿于现世中　魔障皆消灭

又以念佛心　速证王三昧　心心无间断
念念得相应　于无上菩提　更不生退转
又愿得智慧　通达一切法　具无碍辩才
阐扬念佛门　得大陀罗尼　受持诸佛法
又愿得忍力　具修诸观行　裂开憎爱网
斩断名利根　毁誉树头风　好丑空中迹
又愿具威仪　通达毗尼藏　大乘及小乘
性业并遮业　一切悉清净　成就诸众生

愿我命终时　正念心无乱　弥陀及圣众

垂手共提携　见闻皆发心　同生极乐国

见佛复闻法　获得无生忍　还来此土中

化度于一切　供养于诸佛　护持诸佛法

释迦法灭时　我以誓愿力　及以神通力

令法久住世　延至弥勒时　中间无断绝

又愿未来世　建立佛正法　以律摄众生

后令得定慧　以大辩才力　破坏诸邪见

又以他心智　具知众生心　折伏及摄受

二俱得自在　令其得利益　调伏诸恶念

恶法悉不成　善业速成就　有罪欲忏悔

闻名俱解脱　善根欲退时　皆令得增长

贫者得伏藏　病者得良药　饥寒逼迫人

悉令得衣食　厄难得解脱　愚痴得智慧

刀兵劫起时　愿我为良将　饥馑疾疫世

愿化作稻粱　及以诸药草　遍救诸众生

愿千国净界
现入[illegible]四王
以法化众生
令所诸杀止
故现为善王
摄化诸同类
其信及少信
乃至无信辈
咸以诸方便
渐渐令调伏
诸魔悉退散
徒竟尽诸天
地狱鬼畜生
上至诸天众
故现入其中
皆令得解脱
三途离众苦
入天出三界
声闻及缘觉
回心入大乘
故教诸菩萨
同入一圆顿
诸行悉众生
舍恶摄善法

末法比丘僧
种种诸瑞现
故以善巧力
令其生信心
三昧悉通达
善法皆回向
菩萨悲智力
种种功德力
愿故皆摄取
供养十方佛
所有诸供具
愿故皆具足
救及诸大众
皆同是愿力
生生各作信
处处化众生
先从三会中
最先蒙佛记
值佛涅槃时
故当施衣食
众生界未尽
成佛终无期
一切成佛时
然后登正觉

回向偈(并叙)

盖闻修行前导。莫尚乎发心。众善指归。莫要于回向。良由无始。迷此一心。不知诸法本空。四大非有。竟执我人之见。横生憎爱之心。所修善法。但为己身。所得功勋。唯归眷属。是以徒增业果。不断漏因。三界岂离。四生难免。我今依教。发回向心。近将七日功勋。远洎多生善法。但有利益。悉施众生。舍兹有所得心。向彼真如实际。运此无生妙观。唯求无上菩提。

相与胡跪合掌。作如是言。

稽首三界尊　释迦牟尼佛　十方三世佛
菩萨及声闻　唯愿大慈悲　共垂哀摄受
我今依佛教　普发回向心　舍兹有相心
趋向无生路　愿我无始劫　乃至于今生
所有三业善　悉皆用回向　愿一切众生
身口恒清净　意常缘善法　不起贪恚心
愿以忏悔力　及诸誓愿力　请佛久住世

复请转法轮　随喜诸善根　悉施于众生
愿诸众生类　三障悉消除　生生常见佛
处处恒闻法　常生欢喜心　不起憎嫉念
又以香供佛　愿一切众生　常焚持戒香
普熏于法会　又以花奉献　愿一切众生
禅定如花敷　见者咸欣悦　又以灯施佛
愿一切众生　同燃智慧灯　普照于法界
以香涂佛塔　愿一切众生　忍辱如涂香

不起于憎嫉　又以果奉献　愿一切众生
圆满佛菩提　同归无上果　以食施诸佛
愿一切众生　常餐法喜食　及以禅悦食
身心遍安乐　欢喜悉充满　以幡供养佛
愿一切众生　翻转贪嗔痴　咸成戒定慧
复以盖奉献　愿一切众生　同以无缘慈
盖覆于一切　又以幢奉献　愿一切众生
同竖最胜幢　高出于三界　以财施诸佛

愿一切众生　同具七圣财　法宝咸充满
又愿为众生　代修回向法　权教诸菩萨
同归圆顿门　无著四沙门　咸趋无上慧
人天有漏善　皆成无漏因　回彼世间心
同归正觉道　深知三界苦　勿生贪著心
阿修罗众等　舍离骄慢心　所有胜善业
悉回向佛道　龙神夜叉众　乾达紧那罗
八部诸众生　所有微善业　若多若少等

悉回向佛道　人道诸众生　所有微毫福
今世若过世　尽回向佛道　地狱鬼畜生
众苦逼迫时　若起一念善　所有微毫福
我皆代回向　同归正觉道　以此回向善
复施诸众生　普与众冤亲　一时成佛道

念佛偈

念佛一声　漱口三日　一句弥陀　众罪消灭

念佛警策

请君不必多言　只要一心不乱
一刀斩断　任他佛不喜闻　放自心心忆念
八万四千法藏　六字全收　一千七百公案
如大火聚　触之则烧　如太阿剑　撄之则伤
一句弥陀　只此公案　无别商量　直下便判

示禅者念佛偈

何必临终见
一句阿弥陀　计数成一片　现在即西方
西家佛声现　叫破喉咙来　惊醒大小便
楼上念弥陀　楼下弥陀念　东家曲斗向

念佛开示

西来的意　是同是别　拟议思量　八万行持

从苦又入苦　劝君早回头　直走西方路
万缘都放下　勤修净业课　日夜望还乡
一心求觉悟　豁然心地空　即是真净土
弥陀忽现前　原来是这个

释迦如来舍利宝塔赞

我佛降迹　于彼中天　示现入灭　经于百年
有阿育王　造舍利塔　众香为泥　七宝为末

役彼鬼神　终夜告成　八万四千　遍四海滨
此震旦国　处有十九　唯兹四明　灵踪仅觏
西晋之世　地在并州　有一猎师　厥姓曰刘
示入地狱　大士告语　汝若忏悔　可求舍利
醒而出家　易名慧达　远来四明　寻求宝塔
忽闻钟声　从地而来　顶礼七日　山岩自开
千年圣迹　于兹显现　遂令有缘　佛身亲见
至今鄮峰　灵异非常　四方瞻仰　见相见光

图之刻之　以传四方　我作赞词　稽首法王

阿弥陀佛像赞

南无阿弥陀　何人不知念　虽念不相应
母子难相见　行住及坐卧　时将此心敛
念念自相续　念来成一片　如此念弥陀
弥陀自然现　西方决定生　终身无退转

观音大士像赞

大士法身　非男非女　身尚非身　复何所倚
以慈悲力　顶现化佛　以禅观力　手执如意
示现威德　身乘怒猊　折摄并运　慈忍双垂
普告佛子　不应取相　菩萨是汝　非画非像
又复应知　自他不二　能如是观　真不思议

示现观音像赞(并叙)

南郭顾善人家素事佛。丙申六月十九日。大士现像于竹帘上。仪容俨然。观者如堵。无何。有娆之者。相忽不见。善人追慕之。乃倩工绘其像。以申供养焉。

大士示迹　俯应群生　寒潭印月　空谷传声
众生本觉　皆观自在　逐色寻声　流转苦海
以苦为机　乃可得度　策之以信　驱之以悟
故我大士　游戏神通　于帘幕间　俨睹圣容

圣容非小　帘幕非大　片片真身　尘尘法界
此方之人　靡不惕虔　香花是奉　灯火恒燃
应缘而来　缘尽则去　其应唯何　唯诚斯致
乃绘水墨　以申供养　爰作赞词　以传无量

药山大师书空图赞

太虚空中　了无形相　举笔作书　是何模样
字既无迹　笔亦非真　反求书者　复是何人

离纸无画　离画无纸　是纸是画　为一为二
拈此一义　以问药公　怡然不语　笑破虚空

血书文殊像赞

子以血为墨　画出文殊相　我以笔为舌
赞叹申供养　搁笔试问子　何者是文殊
为是血与纸　为复二俱非　子乃俯而答
文殊孰非是　笔笔皆文殊　纵横盈素纸
顶中现化佛　变化乘狮子　毫端入三昧
笔墨非游戏　呜呼吾与子　二者俱颠倒
若遇真文殊　哑然当一笑

净业堂铭

堂名净业　其义唯何　唯精唯一　专念弥陀
心苟不一　业则不净　唯昏与散　适生厥病
咨尔众等　出入斯户　宜时检察　为勤为惰

离纸无画　离画无纸　是纸是画　为一为二

拈纸一丈　以问诸公　皆然不语　笑破虚空

血书文殊像赞

予以血为墨　画出文殊相　故以笔为舌

赞叹申殊美　援笔试问予　何者是文殊

为是血与纸　为复二俱非　予乃解而答

文殊孰非是　笔笔皆文殊　纵横尽素纸

顶中现化佛　变化乘狮子　毫端入三昧

笔墨非游戏　呜呼吾与予　二者俱颠倒

若遇真文殊　既然出一笑

净业堂铭

堂名净业　其义维何　唯精唯一　杂念奈污

心苟不一　业则不净　唯昏与散　适生厥病

沿亦反染　出入斯门　宜时检察　勿勤勿情

惰宜发愤　勤[illegible]　尽此一生　弥陀决睹

寸香斋铭

尊客相逢　勿谈世谛　寸香为期　唯道是语

不近人情　不拘俗礼　知我罪我　听之而已

斋堂铭

粒米茎菜　皆从施得　分别未忘　一口难食

擎盂举箸　唯佛是忆　吃着真味　方能酬德

东铭

父母生汝　师友成汝　汝今负恩　不孝不悌

佛念未纯　妄心未制　汝即地狱　地狱即汝

西铭

施主造堂　檀那供食　资汝念佛　宜自尽力

切莫间断　最忌夹杂　策汝身心　慎勿放逸

看经铭

佛固当崇　法尤宜解　匪佛畴师　匪法奚范
是经所在　则为佛在　克敬克诚　勿昏勿怠
一念稍失　众魔纷然　散风动地　昏雾迷天
制之何由　念力是强　唯坚唯勇　昏散斯降
心原湛然　究竟清净　佛法双忘　非药非病

浴室铭

四大本空　将何为洗　一心叵得　念从何起
念尚不有　佛复何存　能如是念　决睹慈尊

厕室铭

大小便时　毋忘正念　九孔常流　此身可厌
何当弃舍　莲胎转变　念念弥陀　西方定现

卧室铭

昔人报怨　卧薪尝胆　廿载辛勤　大事斯办

生死为冤　受害已深　如何睡眠　纵恣身心

三界无安　不宜久住　勤修正观　早求出世

莲花佛国　其乐洋洋　归去来兮　无忘故乡

舍利忏叙

盖闻法身无象。因万物以赋形。道体无方。随众生而应迹。爰自双林示寂。中夜还原。玉毫敛影于人间。宝相潜辉于宇内。所遗舍利。三分攸分。乃造浮图。八国是奉。属当五天之地。经历一百余年。爰有圣君厥名阿育。乘铁轮而应世。受佛记以为王。志在福田。心存佛法。甫闻舍利。始事请求。于是塞恒水之刀轮。机关不转。开世王之宝箧。油火才干。一育王经云。阿阇世王取佛舍利。藏恒河中。作千岁灯供养。中安金箧。用盛舍利。外置刀轮。四面旋转。流水激之。轮无停晷。

阿育王欲取之。殆不能得。有莲花比丘教以掷柰塞之。轮即不转。乃下取舍利。才开金篋。油尽火灭矣）乃役鬼神之智力。载求罗汉之神通。集众香以成泥。碎七宝而为末。八万四千之佛塔。中夜造成。三千三百之人寰。即时分布。百神奋足。争驰五指之光。万鬼昂头。齐睹半空之臂。（育王志云。阿育王取佛舍利。令诸鬼神以香泥七宝。一夜造成八万四千塔。请耶舍尊者舒指放光八万四千道。诸鬼神各随一光尽处安置一塔。尊者于虚空中以手障日。诸鬼神望之。普天之内。一日之中同时下塔）塔庙于焉始盛。佛法由是大兴。彼居中夏。数乃众多。此属东方。处唯十九。阿育造塔之岁。则是周厉王之共和年也。自余诸处。圣迹罕存。唯兹四明。灵踪尚著。昔在西晋。年曰太康。有并州刘萨诃者。利宾菩萨也。愍众生之造业。示同类以化人。罹罪而入幽冥。惧苦而求救拔。梵僧指示。舍利是求。觉而发心。寻即改业。出身应世。暂为畋猎之

民。大士出家。还作比丘之相。于是北背并汾。南游江浙。慕浮图而顾盼。念舍利以追寻。万里吴山。岂惮驰驱之苦。数年道路。焉知跋涉之劳。由是登陟鄮峰。徘徊玉几。钟韵忽闻于地下。塔婆高涌于岩头。一片青山。显出千年之圣迹。数重磐石。长留万古之神踪。从兹建塔度僧。藉僧守塔。地号东南佛国。僧称累代人龙。迨乎有梁启运。兹山之额号始彰。大宗肇兴。厥寺之篇题重焕。嘉祥屡发。灵异叠生。或垂相好于

塔中。或放光明于松顶。或数旬礼拜。慈亲离冥报之殃。或顿月熏修。尊者获印文之瑞。乃至或燃一臂。神归净土九莲。或舍全身。亲证念佛三昧。实贤自悲生晚。不能亲睹佛身。幸喜缘深。犹得躬逢圣迹。于己亥夏。特申瞻礼。恭诣此山。三月安居。六时悔过。但以凡诚浅劣。难叩慈悲。宿业深沉。未蒙感应。是以重述行仪。再申恳到。终身从事。毕命为期。不唯自省过愆。亦与人同忏悔。沉疴未起。每怜同病之人。浪子不归。

频下思亲之泪。文无足观。义或可取。所冀障山翻倒。转成功德之山。业海干枯。化为智慧之海。六根都摄。修净业于此身。三昧早成。见弥陀于即世。凡我同志。毋忘此心。同垂愿力于千生。共报佛恩于万劫云尔。

重建涅槃忏会叙

盖闻觉王西逝。乃当周穆之年。像教东流。爰在汉明之世。由迦维而达震旦。计其道路。仅云十万八千。

从正、像以逮今时。算以春秋。凡见二千七百。痛哉末世。孰挽颓风。伤矣吾徒。罔遵遗诲。仲春方届。畴兴鹤树之悲。白月既圆。谁效纯陀之供。实贤少慕尊仪。长思圣范。对金容而垂泪。读遗教以兴哀。曾于阿育王山。启建涅槃胜会。十年礼忏。频瞻我佛之真身。百味香馐。屡奉世尊之宝塔。兹念四方善信。跋涉唯艰。千里道途。间关莫致。以法从人则易。将人就法则难。由是舍难就易。取近置遥。人无劳苦之心。财省往来

之费。兹约来岁仲春二月既望。恭就仙林讲寺菩萨戒坛。顶礼十日之忏摩。供献百味之饮食。续开佳会。移创法筵。伏望若缁若素。同到道场。乃释乃儒。咸臻胜地。摧邪辅正。必存外护之人。起弊扶衰。是在同袍之士。发心胜。则因果殊常。作事真。则人天感格。修行径路。舍净土则我将安归。改过法门。匪忏摩则人无自洗。应起难遭之想。勿存轻慢之心。所愿二忏同修。事观与理观双运。三身并念。他佛与己佛齐彰。无始昏迷。

长风起而阴霾绝点。多生罪障。太阳出而冰雪俱消。三昧成于现身。九品生于后世。然后再兴悲愿。回入尘劳。挽既倒之狂澜。重归大海。捧已沉之佛日。复照高山。此诚不肖之愚意。愿与诸贤共勉云尔。

涅槃会约叙

尝读涅槃经。佛临涅槃。人天献供。大众悲哀。举身血现。如波罗奢华。至有不忍见佛入灭。先取灭

度者。呜呼。何其悲哀恋慕。一至于此。今去佛日远。时当末法。出家之众。于佛涅槃日。莫知献供。罔有悲哀。并不知是日为佛灭度之辰。噫。为佛弟子。岂宜如是耶。夫佛涅槃日。犹父母忌辰。为人子而不知其亲之忌日。可谓孝乎。于是日而不思致祭。可谓敬乎。世间、出世虽有不同。所以致其孝敬之心则一也。盖世间父母。生我色身。养我报命。虽是重恩。有时而尽。虽然慈爱。亦有偏颇。虽复劬劳。亦有休息。出世父母则不如是。

生我法身。养我慧命。推我以人天之干。去我以三途之湿。咽我以无常之苦。吐我以常住之甘。哺我以定慧之乳。覆我以惭愧之衣。保持爱护。靡所不尽。昼夜殷勤。抚育其子。经无量劫。未尝休息。亦不念劳苦。唯知爱子为念。不顾于他。方其幼稚。则忧其堕落。及其成立。又忧其夭丧。所以慈悲爱念。无有已时。又不于善子而生爱。于恶子而生憎。心常平等。覆护无偏。但以诸子愚痴。误服毒药。慈父于此。设为方便。

留药远出。遣使还告汝父已死。而实不死也。毒者何。烦恼之谓也。药者何。佛法之谓也。方便者何。涅槃之谓也。遣使者何。舍利之谓也。当知如来怜愍我等。故方便示现入于涅槃。实不灭度也。佛于众生有此恩德。而诸众生冥然不知。可不哀耶。夫如来舍利。震旦国中虽有一十九处。圣迹罕存。唯鄮峰一处。至今尚在。灵异非一。岂非四明之人夙植善根。于末世中。得睹如来应化之事。虽诸佛法身遍一切处。而应身摄化。盖有其方。舍利所在。则为佛在。是故当知。虽居末世。有信则长奉慈颜。纵遇佛兴。无信则还同不见。是则我等之所当策勤精进。而生庆幸难遭之想者也。实贤根机下劣。德薄垢重。于现世中不获见谛。今与众等建立斯会。每年一举。毕世为期。顶礼七日之忏摩。奉献百味之饮食。敢云最后之供。实表恋慕之诚。所作功德。不为自利。普施众生。不求人天。但期净土。庶几为未来得度因缘。作往生见佛方便。用报佛恩于

万一耳。然有始鲜终。圣人所诫。初勤后怠。人之常情。不以誓愿自要。何以保其永久。不以轨则为准。何以约束身心。于是斟酌事宜。设为规约。以告大众。如或事可通行。愿共相保守。如其不可。幸有以教之。

涅槃会约第二叙

余自幼出家。每于大僧众中。叩诸长老曰。如来涅槃为在何时。众皆罔对。或有指陈。进退无据。心窃疑焉。又频见僧俗营斋供佛。多不如法。往往以人所不堪食者。陈列几筵以为供养。非唯无福。且招慢佛之过。恒用慨然。及长。游历讲肆。按览藏文。间读《涅槃经》。始知如来于二月十五日。日初出时。放光集众。自言今日当般涅槃。大众蒙光。一时普集。当此之时。献供如云。挥泪如雨。幢幡际天。肴膳布地。尽世间之六味。极天上之五尘。无一不备矣。呜呼。何其盛耶。又尝读净觉法师礼赞文。见其偈赞。

次第摹写如来涅槃相貌。如在目前。备极恋慕之意。则知古人亦有同吾心者。第近世罕有举行之耳。己亥春。从西泠渡江。恭诣四明阿育王山。瞻礼释迦如来真身舍利。遂即其处度夏礼塔。安居既竟。燃一指供佛。心犹歉然未足也。既而往永福水陆期中。偶与同辈论及供佛之事。一时发心者即有数人。寻往苏杭买供。采访百味。贸易香花。次年春。复还此山。于佛涅槃日。鸠集数子。首创斯会。盖主于为佛忌日。追远报

恩。以申恋慕之意。供虽不丰。务存精洁。食须三德。不干不湿。菜须六味。非生非冷。果须珍异。非贱非粗。于中首日供佛。依礼赞文。次日礼忏。则自述仪轨。至第七日。忏事既毕。以念佛回向终焉。众皆叹曰。此未曾有也。四明天下胜地。舍利吾佛真身。今四方善友一时来会。成此胜举。是非小缘。此不可以輙已也。今而后当每年一举。毕世为期。此为佛弟子分内所必当为之事。不得与寻常应期礼忏、受施讽经。同日而

论也。余告众曰。此会难事有三。如求舍利。震旦国中虽有一十九处。岁月既远。圣迹湮没。唯鄮阴一处至今现存。旷劫有缘。幸得瞻仰。一难也。如来灭度二千余载。涅槃献供。在古则有。在今罕闻。今与众等宿缘所追。千里相值。四方来会。七日同修。此世界中。岂非希有。二难也。诸方结社起期。所在皆有。然佛家弟子。但闻礼忏得财。未闻舍财礼忏。道念未生。利心先起。今则不然。诚敬发于心中。财物舍诸身外。

惭惶不暇。敢厌勤劳。报答未能。实怀恋慕。如此心念。非佛不知。三难也。言未既。有难于傍者曰。吾闻诸佛法身遍一切处。本无出世及以涅槃。既无涅槃。安有忌日。至于禅宗门下。单提正令。佛祖尚无安立。焉有所谓扫塔献供之事乎。今乃于无生灭中。妄见生灭。罗百味以供之。集四众以礼之。又不于所居庵院。致献尊仪。而必远诣鄮峰。偏崇舍利。岂非舍近求远。著境迷心。不达理性耶。予曰。子之所言。理也。今

吾以事问子。子以实答之。可乎。对曰。可。因问之曰。子有二亲在否。曰。少也不幸。早从见背。久失恃怙矣。曰。子父母身亡。神其亡否。曰。神则未尝亡也。又问曰。神有定所否。对曰。神既无形。又安有定所乎。曰。然则岁时致祭。亦上父母坟墓否。曰。某虽不孝。于兹礼数。尚不敢阙。予曰。子过矣。子父母而神在。则未尝死也。未尝死而祭之。是灭其神也。祭已灭之神。谁为受飨者。又神既无形。无有定所。则不局坟

墓中。一念至诚。必能通格。何必近离家室。远赴坟庐。仆仆道途。舟车往返。以为祭埽之规乎。对曰。虽知父母神在而形骸不存。故飨其神。神虽不食。犹食也。譬如梦中得食。饥饱宛然。不亦类是乎。虽神无定所。必有依凭。故为之坟墓以祭扫之。所以慰死者之神。而尽生人之道也。余曰。如知此。则予之所难通矣。盍亦思之哉。子知法身常住。而不知应迹云亡。知法体遍周。而不知应迹有所。不有应迹。安显

法身。不有舍利。谁知应迹。既言法身常住。岂有间于应身。既曰法体遍周。宁独隔于舍利。子欲拨事求理。弃有谈空。事相尚迷。况通理性耶。昔大迦叶将入鸡足山。待弥勒佛。必往天上龙宫。及于世间。遍礼诸塔后方入定。夫迦叶。宗门之鼻祖也。岂其不达理性而然耶。当知如来涅槃不可思议。非常非断。离有离无。不应以偏见而生分别。以子所执法身常住。不达如来善权方便。利益众生之事。良由不深明理教而致然耳。

如经所说。譬如婴儿。母常在侧。于母不生难遭之想。母方去时。便生渴仰思恋之心。如来涅槃。意盖如是。吾子其知之耶。或曰子之所言是矣。然吾闻孔子曰。二簋可用享。禴祭胜于杀牛。奚取于百味乎。曰。孔子之言。盖昭明德为重。不以厚祭为尊。非谓定于二簋也。如赞武王周公之孝。曰。春秋修其祖庙。陈其宗器。设其裳衣。荐其时食。言时食。谓四时之食。各有其物。则非二簋明矣。又赞大禹曰。菲饮食而致孝乎鬼

神。观夫致孝之言。则自奉虽俭。祭神必丰。又可知矣。至若菩萨供佛。则尽世甘美。犹不为多。况区区百味乎哉。或又曰。诸供养中。法供养最。今我子不修法供。专事有为。岂菩萨用心乎。予曰。子又错解经旨矣。经意以香花供养。一一皆从菩萨大悲大愿之所流出。大行大力之所成就。盖是即财论法。事理圆融。故称法供。如子所解。则普贤种种庄严供养。皆是有为。则为自毁矣。岂经意乎。当知敬佛虽主内心。

亦兼外物。必若有心无力。则物虽轻而亦重。如其有力无心。则物虽重而犹轻。与其有力无心。宁贵有心无力。必心力两尽。内外交资。则事理双融。然后为得也。今也内无诚敬。外又吝财。浪说唯心。心将安在。大抵末世人情。贵俗贱真。重人轻佛。待宾客则广设嘉肴。供圣贤则略陈粗馔。其自奉也。朝朝每择肥鲜。其事佛也。旦旦不存甘旨。言香则只要心香。不须苏合。言果则唯尊道果。岂重庵罗。法供为上。何必世

识之中。求可以语此事者尤寡。舍居士一人。而深以期望者。谁哉。倘不以人废言。幸加努力。若曰吾不能也。则亦无可奈何矣。

应赴说

或问曰。应赴之说。始于何时。余曰。古未之闻也。昔白起为秦将。坑长平降卒四十万。死入地狱。至梁武帝时。致梦于帝。乞所以济拔之方。帝觉而谋

诸志公。公曰。闻大藏中有水陆仪文一卷。如法行持。可以济拔。于是集天下高僧。建水陆道场七昼夜。一时名僧咸赴其请。应赴之说。盖自此始。昔佛在世时。为法施主。以法教化众生。人间天上。莫不以五时八教。次第调停而成熟之。诸弟子亦各分化一方。恢宏其道。迨佛灭度后。阿难等结集三藏。流通法宝。至汉明帝时。佛法始入震旦。正法、像法。渐入浇漓。奈何后世取以博衣食之资。使法王大宝为贩卖之具。嗟乎异哉。

财。禅悦自资。奚须段食。悭囊固塞。借佛语以饰凡情。善种薄栽。立慢幢而增见刺。又或见贵人则趋走逢迎。对佛像则倚卧不起。暂时闻法。则便起昏沉。终日剧谈。则曾无懈倦。嬉游杂务。百忙中尽有工夫。供佛烧香。片刻间略无闲暇。贪名逐利。则频年道路。不惮驱驰。礼忏诵经。则暂入坛场。便生劳倦。才念佛则曰口酸。适礼拜又云腰痛。此皆举世之通病。我辈所当深思而痛戒者也。予不肖。不能克践古人。担荷斯道。为法

门之罪人。无所逃责。今建斯会。窃欲上报佛恩。下救时蔽。而人微德薄。不自知其不可也。吾子尚不以人废言。幸加察焉。于是难者悚然自失。赧然自愧。曰。我过矣。我过矣。今而后。吾不敢复议矣。复再拜稽首曰。子既善其始。当图善其终。不有规约。何以行诸久远乎。因徇社友之请。略陈条例如左。并论次其语弁诸简端。以为后来者告云。

祷灵鳗菩萨文

唯康熙壬辰六月十七日。苾刍实贤谨赍香烛之仪。致祷于阿育王山金沙井护塔灵鳗菩萨曰。我闻大士。拥护佛法。作大龙王。覆庇一方。保安万姓。在昔为国献功。为民降泽。解三军之焦渴。力运清泉。润大地之干枯。普施甘雨。故使先朝降敕。宣封尊号。并令有司岁杀一豕致祭。以报功泽。苾刍实贤今来此山。顶礼佛塔。已及两度。亲睹宰杀之事。哀声彻耳。殆

不忍闻。悲痛切心。宁能自已。是以投书潭中。哀告大士。大士护持佛法。救世安民。功德溥矣。利益深矣。令有司宰杀。虽国家之命。非大士之心。然业之所造。盖有其因。罪之所归。岂无其主。不归大士。将安归耶。大士既护佛法。当体佛心。佛心非他。即众生是。离众生无佛。离佛无众生。奈何使未来诸佛。长受苦恼而不思救济耶。且夫大士神通。能消枯渴于三军。不能免苦痛于一豕耶。能施甘雨于天下。不能全性命于

众生耶。人何幸而蒙庇。豕何辜而弗恤耶。将毋贪著口腹。假手于屠人。而受馨香之味耶。夫大士尚不爱自己身命。况贪众生之血肉耶。今欲安乐众生。岂反加之杀害耶。我为佛遗教弟子。持佛禁戒。当以佛语宣示于人。此而不言。孰可言者。今为大士陈其过失。略有十种。唯神察之。夫大士度生。慈悲为本。苟无此心。则非菩萨。大士既称菩萨。奈何不断杀生。杀生不断。是则无慈悲心。其过一也。大士视人犹己。

视物犹人。今虽济人。尚不及物。是则乖平等心。其过二也。既为佛弟子。岂可不持佛戒。纵不受五戒。杀戒须持。大士不持。是则违佛律仪。其过三也。十不善业。杀业居先。大士虽非自作。故是教他。既不禁止。任其宰杀。非教他而何。是谓现作恶因。其过四也。因必有果。所谓三恶道。及多病、短命二种果报。如此果报。皆由杀生。是则当招恶果。其过五也。僧伽蓝地。凡圣同居。佛塔所存。护法诸天长来供养。

令使血涂蔓草。腥污坛场。天神见之。必生瞋怒。僧众居之。亦所不安。是则污伽蓝地。其过六也。累年宰杀。当有人生不信心。谓灵鳗若是菩萨。不应食肉。舍利威神若有灵者。应不使其杀害众生。是故当知。佛无灵验。鱼非菩萨。如此不信。过由大士。是则使人毁谤。其过七也。大士既堕龙身。当勤修善业。速离恶趣。令造此业。何时当脱此身耶。是则难离恶趣。其过八也。如经中说娑竭龙王告金翅鸟曰。我自生此海中。未尝触害水性众生。舍此身后。当生西方极乐

世界。大士令为杀业。云何当得往生。是谓难生净土。其过九也。大士修因。本期佛果。不断杀业。云何当得无上果报。是则难成佛道。其过十也。一杀而具十过。罪孰大焉。反此十过则成十德。大士何为甘造杂业。不修纯善耶。为大士计。以神力致梦于朝廷。明以告曰。我为佛弟子。持不杀戒。令而后无杀生见祭。朝廷知之。必寻改先朝旧例。虽猪豚之死。未必能逃。

而死不由于大士矣。如上所陈。非为众生。乃为大士。大士若能改革。则为自救。非救众生。大士尤宜忏悔故业。勿造新殃。发菩提心。修持净戒。如上则众生可度。佛道可成。菩萨之名。不为虚得矣。大士若能见听。何善如之。如不见听。或恣其宿习。逞其暴怒。即震雷激电。摧灭我身。亦所弗惜也。唯神图之。

与茅静远居士书

前三月下旬。返自四明。过访居士。适遇它出。怅然而去。寻归回龙。兹又一月余矣。因数子相劝。欲讲法华。特到杭请经。因得致书于足下。居士造桥事毕。可谓莫大之功。然居士之心。好善无倦。一善甫完。复作一善。美则美矣。其如生死大事何。苟不以生死大事为急。而孳孳为善。所作善事如须弥山。皆生死业缘。有何了日。善事弥多。生死弥广。一念爱心。万劫缠缚。可不惧耶。居士世间公案。久已参透。

西方净业。久已修习。然而生死心不切。家缘撇不下。人情谢不去。念佛心不专。何也。将名根不断耶。抑爱念牵缠耶。于此二者。宜加审察。苟不把家缘世事一刀斩断。六字洪名尽力提起。欲望娑婆之脱。安养之生。难矣。不生安养而欲脱生死。不脱生死而欲免堕落。抑又难矣。纵一生两生不失人身。济得甚么事。嗟乎。居士慧心如此明利。家缘如此丰足。继嗣如此贤能。事事适意。尚不能放下万缘。一心念佛。为天

负人耶。为人负天耶。不以念佛为急。而以世间小善为急。不以生死大事为先。而以人天福报为先。是不知先后也。居士虽不求福而常作福。虽欲出生死而反入生死。皆由不知所缓在彼。所急在此。致使北辕适越。却步求前也。居士今日要务。唯当谢绝人事。一心念佛。加以斋戒二字。尤为尽美。大抵西方佛国。非悠悠散善所能致。万劫生死。非因循怠惰所能脱。无常迅速。旦暮即至。安得不为之早办耶。衲所知识者甚寡。知

或曰。佛法本以济人。人来求法。我应其请。彼以财施。我以法施。何不可之有。设使人人高蹈绝俗。不通应赴。则是杜众生求法之路。塞亡灵济苦之门。岂菩萨之本心。诸佛之遗意耶。余曰。度生一事。诚非多事。自既未度。焉能度人。譬如从井救人。人俱陷溺。故经云。不能自度而能度人者。无有是处。且夫施者。与而取之之谓也。今我以法与人。人以财与我。是之谓贸易。何以为施。况本无法与人乎。纵有虔诚之功。不赎贪求

财利之过。又况未必虔诚而得人利养。是之谓盗施主物。又谓之负债用。律有明文。呵责非细。今夫农夫竭其股肱之力。行人殚其手足之劳。粒来百工。汗多食少。以彼血汗。为我饮食。我僧人十指不点水。百事不干怀。诵经则曰口酸。礼忏则曰腰痛。无恭敬心。无惭愧意。彼亡者在地狱中。望汝度脱。施主在家室内。望汝延生。汝何为安坐受食。略不思念。其为罪何如耶。不坐铁床而饮洋铜。无有是处。自身堕落之不暇。又安

能济度众生邪。或曰。然则应赴一事。不可为欤。余曰。非谓其不可为。正言其不易也。古有瑜伽一事。乃登地菩萨利生之事。非初心凡夫所宜。或曰。然则如之何而可。余曰。必不得已。则有一说。应其请。生难遭想。入其家。生道场想。对经典。如对佛想。诵其文。思其义。行其事。践其实。必使身与口合。口与心合。不昏沉。不散乱。不懈怠。不厌不倦。不贪求。不计利。知因知果。知惭知愧。兢兢焉。业业焉。若涉大川而履薄冰也。如是则不期度生而自度。不期利益而自利益。孔子曰。禄在其中矣。自既得度。他亦复然。若夫鼓橐籥而为经。舂杵碓而成礼。身对尊像而目视他方。口诵佛言而心存妄念。吾见其口食信施。即同铁丸。身着袈裟。即同铁鍱。如是则不待身后堕落。即今早已堕落。不待未来受苦。即今已受无量大苦。宝梁经云。比丘不修比丘法。大千无唾处。明文灼然。可为诫训。慎之哉。问者惭服而退。余因录其语。为应赴说。

燃指问辩

客有问于省庵曰。燃指一法。起于释氏。从上诸师。或赞或毁。好恶不一。是非莫定。愿吾子一言以决其疑。省庵曰。善哉问也。斯固有关于佛教。而人情之所易惑者也。不克论其所以然。则是非邪正。何由决了。好恶赞毁。未免偏颇。今为子统括古今。备陈差别。略有六种。唯吾子察焉。所谓六种差别者。一、内外邪正差别。二、儒释立教差别。三、大小开遮差别。四、诸师宗趣差别。五、圣凡因果差别。六、心行是非差别。知此六种差别。则是非邪正。皎如指掌。不复生疑惑矣。夫迷缘起之正理。执断常之邪见。投灰事火。五热炙身。用此苦因。冀招乐果。外道所以为邪也。内修理观为正行。外假苦行为助缘。或爇一香。或燃一指。以此坚其誓愿。大其心志。身见既破。我执亦忘。内教所以为正也。儒教主乎治身。身为父母遗体。固宜全受全归。一有毁伤。便名不孝。释教主乎治心。

心为万物之主。身乃四大假合。以之供佛。则破执灭罪。保此偷安。则虚生浪死。此儒释立教之所以差别也。小乘律中。燃指犯吉罗。大乘明若不烧身、臂、指供养诸佛。非出家菩萨。盖小乘但期自利。故须奉法全身。大乘贵在利人。是以忘身为法。此大小开遮所以差别也。南山律师依大乘宗。深加赞叹。义净三藏据小乘宗。横生贬斥。至若荆溪、永明、慈云、法智。或辩论阐扬。或躬行履践。后学取信。良无惑焉。唯近世云栖大师。

独不许可。盖恐末流狂妄。易流邪僻。故为权说以救之。一抑一扬。各有所以。此诸师宗趣所以差别也。法华明一切众生喜见菩萨。顿舍一身。复烧两臂。发誓愿竟。两臂还复。此得忍大士之现果也。梵网明新学菩萨千里远来。师应如法开示苦行。若不烧身臂指供养诸佛。非出家菩萨。此初心受戒之远因也。此圣凡因果之所以差别也。今人果能内发大心。外缘三宝。期心破障。刻志菩提。则罪灭福生。功无浪费。如其内

负我人。外贪名利。以之鼓惑庸愚。招致供养。则有过无功。不可不慎。人固有事同而心异者。不可不察也。此心行是非所以差别也。客曰。如此差别。可得融通否。曰。可。夫由外以知内。则外为内助。因邪而入正。则邪为正缘。经云。外道所说。皆是佛语。是以遍行、胜热为善财师。调达、善星皆如来伴。如此邪正融通。奚不可之有。儒释两教。观其迹则异。论其理则同。是以泰伯断发。孔子称其至德。比干剖心。鲁论美其

为仁。则儒释未始不同也。大小三乘。均佛所说。随机不同。或开或制。然小从大出。权自实开。非实则权何所开。无大则小不自立。理无二致。正不待融通也。宗趣不同。自是人师异见。何关理教差殊也。如二人见月。一东一西。各随人去。月无二向。见有东西耳。圣凡虽有差别。然因该果海。果彻因原。因果本自融通。亦何差别之可论哉。至于心正则事正。心邪则法邪。邪正在心。非由事相。然翻掌覆掌。初无异手。得念

失念。岂有二心。正不必融通也。如上所陈同异。不可偏执。苟执其异。则适起诤端。苟执其同。则漫无分别。然则如之何则可。必也知同异皆由一心。一心本非同异。虽非同异。同异宛然。夫是之谓正解。愿吾子究心焉。客曰。快哉论也。闻所未闻。然尚有余疑。望为解释。吾闻烧身臂指。乃得忍大士所为。非初心境界。则如之何。答曰。梵网所明行法。本为初心。故经中但云新学菩萨。不云得忍。盖新学大士。誓愿

未坚。心志未广。故藉师长为开道。苦行为鞭策。以成受戒增上缘因耳。若必期之得忍大士。则出家受戒者鲜矣。今人受戒。莫不燃香供佛。盖本诸梵网。以燃香燃指。同一苦行。第小大不同耳。若初心不许燃指。则亦不许燃香。不许受戒矣。有是理乎。客曰。如上所论。谨闻命矣。未审出家之士。宜何所先。为当必烧。为复可缓。设使不烧。是犯戒否。答曰。出家之士。宜先明理观。后及事行。则趣向有方。功无虚弃。若

宜先明理觀。而後事行。則濫觴而有之。功先遲辛。若發。若莫可發。汝欲不發。是何故否。答曰。出家之士。所為。謹聞命矣。未審出家之士。宜何所先。若出必則亦不許燃香。不許受戒矣。在是理乎。答曰。如上燃香燃指。同一苦行。事小大不同耳。若初心不許燃指。者鮮矣。今入受戒。莫不燃香供佛。蓋本諸梵網。以故受戒增上緣因耳。若必期之得是大士。則出家受戒未墜。心志未了。故講師於外弁道。苦行為緣。以故經中但云菩薩善薩。不云得道。蓋菩薩大士。猶應初心境界。則如之何。答曰。梵網所明行法。本為初心。疑。望若解釋。吾聞燒身臂指。乃釋迦大士所為。非吾乎究心處。答曰。汝設論也。聞所未聞。然當有令本非同異。是非同異。同異究然。未是之謂正解。願乃別。然則如之何則可。必也知同異皆由一心。一心可偏執。若執其異。則違先諦論。若執其同。則復乖未念。皆有二心。正不必離過也。如上所陳同異。不理观不明。但行苦行。欲冀功勋。终无实益。烧与不烧。各随人意。经虽劝人。亦不结罪。但不可故违佛语。自生异见。致使妨碍行门。阻人胜善。初心之士。又不可不知也。客于是再拜而退。

念佛着魔辩

或问省庵曰。参禅一门。全仗己力。故每多魔事。念佛则仗他力。故承佛护念。魔事不生。有诸否乎。

省庵曰。唯唯。否否。夫参禅念佛。论其难易。固有自力他力之分。若论魔事。二俱不免。或者曰。敢问何谓也。曰。魔事之来。其由有三。一者教理未明。二者不遇善友。三者自不觉察。今夫人适千里之路。苟不按舆图。又不逢引导。复不识前路通塞。莽莽然而进。吾知其难免于错误之患矣。参禅念佛。譬如行路。经教如舆图。善友如引导。觉察之心如识路通塞。虽两条途路。夷险不同。俱不免错误之患。参禅且置。

只如念佛。或有厌平坦而好奇特者。或有舍直截而求纡曲者。或两路兼行。两路俱失者。或以途中为家舍。平地为高山者。如是错误。不可胜举。皆教理未明之过也。念佛一门。极圆极顿。至易至难。只如弥陀经中一心不乱四字。浅言之。愚夫愚妇皆可为。深言之。大圣大贤终不能过。今初心行人。或暂得轻安。自谓已得事一心者。初开浅解。复自谓得理一心者。或粗念不生。细念犹生者。或勇猛过分。精进倍常。不知

外心无佛。速求取证。不达善巧方便。急欲舍身。魔鬼因之遂入其体。为疯为狂。都不觉知。此善友不遇之过也。夫众生生死。以我见为本。我见不除。修行无益。然我见之生。根深蒂固。其萌芽发干。无处不有。是故见地高则我见俱高。工夫进则我见亦进。若不时时检点。刻刻提撕。则念念发生。心心增长。随逐行人。虽死不离。是故学人心不虚。则自不觉察。不觉察故。我见增长。少有所得。则生骄慢。讥嫌同学。诽谤行人。

虽有修行。终成魔事。此自不觉察之过也。或曰。参禅须近明师。若无明师。须看经教。念佛只贵深信力行。既能深信力行。则决定往生。何藉善友经教。省庵曰。是何言欤。世间小技。尚不可无师。况念佛为出生死要门。若无善友经教。从何开发。谁为引导。观经下三品。皆是临终善友开发。故得往生。其上、中品则不必言矣。须知从凡至圣。由易至难。莫不以善友经教为根本。汝不因经教。何由而知净土法门。而生信

向耶。或曰。若因经教而知念佛。则弥陀一经足矣。奚以多为。曰。上根则可。中下根人。须遍阅净土诸书。备识信行愿三差别之相。加之善友警策。内以虚心觉照。庶几免于魔事。而后念佛之功可日进焉。否则不为魔事。终成增上慢人。一念不觉。遂成沦坠。其祸可胜言哉。或曰。行人心既念佛。佛岂不垂护念。如其护念。魔事何从。省庵曰。念佛人果得一心不乱。则佛护念不虚。如其未得一心。或有以轻安为禅定。

浅解为深悟者。随有所得。生增上慢。此则自取过愆。非如来咎。是故吾言善友、经教、觉察之心。三者缺一不可。而觉察之心尤为最要。不可须臾暂离。若一念不觉。则一念颠倒。念念不觉。则念念颠倒。颠倒既起。魔事兴焉。毕世工夫。一朝唐丧。可不畏欤。净土文云。身无病苦。心不颠倒。当知身无病苦。则求在于佛。心不颠倒。则求在于我。在于佛者。非我敢必。在于我者。安可不自勉焉。设使临终一念颠倒。

非唯九品不生。抑亦三途难免。佛虽大慈。救我不得。奈何奈何。是故修净业人。不可一念远离善友。亦不可一念生颠倒心也。

梅芳法师往生传

师讳明宏。杭州人。幼年父母为纳妇。逃之出门。其母哭之失明。父母亡。出家剃发于绍兴柯桥之弥陀庵。寻事参访。习天台教观。坐禅苦行。颇有省发。

后阅藏于天台万年寺。昼夜翻阅。久之两目俱盲。乃曰。此吾害亲之报也。自是一心念佛。寒暑无间。尝语人曰。我因失明。得大利益。居无常处。囊无长物。所得䞋施。随施贫乏。讲经不用注疏。纵口任心。诙谐间出。得意者善之。岁丁未九月。余于梵天寺起念佛七。师适寓广严庵。因招之入社。时师患痢。日数十遍。然念佛未尝少懈。七期毕。师往无锡斋僧馆。病转剧。忽一日遍告檀越。期以明日将行。众如期而至。师即起坐念佛。合掌而逝。

赞曰。师与余知交最久。余尝断师必生西方。何以知之。盖师具三真。谓真解脱、真干净、真精进故也。然虽言之。尚未有验。丁未冬。一元师从吴地来。述其坐化之事。因喜曰。余言验矣。

圣眼上人往生传

师讳明德。海宁人。俗姓马。四岁出家梵天寺。

十六剃发。自幼性情孤僻。不好世务。唯读书吟咏。所居一室。萧然无长物。年三十六。将往律堂求戒。忽得喘疾。遂不起。有徒孙一苇延余及数友在寺结社。开净业堂。堂之左即师卧室。日闻钟鱼念佛之声。恒默随之。逮病笃。自知时至。乃命徒孙延众师至床前。高声念佛。少顷命止之。向余曰。愿师为我开示。余告曰。汝当尽舍万缘。一心念佛。万劫死生。只今脱去。急宜着力。师遂同众念佛。复发四宏誓愿。语极恳切。至夜分。佛声方毕。才举观音圣号。即转身张目而逝。

时雍正七年腊月二十六日也。

赞曰。昔东坡临终。径山禅师告曰。端明莫忘西方。坡曰。西方不无。但个里用力不得。今师乃能用力如此。可不谓难乎。人皆谓师年方强壮。有志未遂而死。莫不惜之。岂知一生净土。无志不遂。无愿不获。非唯不应惜。实所当贺。呜呼。贤矣哉。

念佛规约(并引)

夫生死海深。非念佛莫能济度。菩提路远。非净土孰可依凭。然苟非精进。念佛无自成功。未得一心。净土何由可到。今则三七为期。六时无间。四方善友俱集。一时胜会宏开。第恐懈怠易生。精勤难致。若无约束。何以策我身心。不有规模。何以生他敬信。谨酌事宜。略陈条列如左。

五更闻钟声。一齐下单。洗面后齐集大殿念佛。无得晏卧不起。避懒偷安。

明相既出。即用粥。粥后嚼杨枝毕。即入堂持佛名。候一寸香过。起身经行。打大木鱼。至香余一寸。即归位坐。默然而止。少顷用茶毕。打小鱼子两下。方可起身抽解。

粥后三枝香。用小食。四枝香。用午饭。克定时候。不宜错误。

坐香过一寸。二人起身行幡巡香。少顷。鸣鱼引磬。

二人亦起身巡香。有昏沉者。即持幡与之。令其行香执幡遣睡。如是展转。递相警策。至香余一寸。鱼磬二人先归本位。次行幡者至佛前问讯收幡。然后各归本位。

佐食菜蔬。以四菜一汤为准。

午饭后六枝香。用晚粥。明相既没。念佛六枝香。俟第六枝香将半。即向上长跪。称观音、势至、清净海众。各满百声。诵小净土文。礼佛十二拜。归单养息。余日例此。至第七夜。诵西方发愿文。礼佛四十八拜。余日二七亦例此。

临睡入观。称佛千声。即默念佛名而卧。

经行趺坐时。睡眠时。及大小便利时。不宜杂话。

坐香。过二十寸香不归堂者。即移蒲团在佛前。跪香一枝。

昏沉时。行幡至不起身者。跪香一枝。

不得出外闲游、归寮养息及交头接耳、杂话戏笑。

有犯者。跪香一枝。

会中有老病者。自应方便随顺。不拘常例。或随喜念佛。暂来即去者。亦不在此例。

设有病缘。当告假。不得随意自便。

众中或有去就乖角。语言相争。搅群乱众者。证即移单出堂。

每一七完。养息半日。或静坐。或睡眠。俱默念佛名。切忌闲游杂话。

每日巡照师各寮巡察放逸。每夜击板念佛。以警策睡眠。

以上条约。有犯者。悦众师应举。举而不服者。罚知而不举者。同罚跪香一枝。

净业堂规约(并引)

夫生死海深。非念佛畴能济度。菩提路远。非净土孰可依凭。然苟非精进。三昧无以成功。未得一心。

九品安能自致。今以三年为限。敛手闭居。但当持于六字洪名。唯致力于一心不乱。尊观时求行久。漏尽易生。深夜各存。断除诸缘。不加搬弄。不以污染身心。必有各章。亦能齐一执此。幸相规而相劝。不负教以勇入。仰净土速成。生台早就。见弥陀于现在。证三昧于此生。诚如是。则所愿不虚矣。谨立规约如左。

每日课程。十时念佛。九时作观。一时礼忏。是大众大执。无得暂忘。

黑白半月。诵菩萨戒本。朔望日讽梵网经。经毕。次跪诵发愿文回向。

凡遇佛降生日、成道日、涅槃日及僧自恣日。俱宜设供献佛。随力为之。

每年新正起念佛七。祝延圣寿。腊月起七。以济年终拔济亡生。

每夜黄昏时。到大殿施食。持变食真言四十九遍。念佛千声。以济鬼神。

有犯者。跪香一枝。

会中有老病者。自应方便随顺。不拘常例。或随喜念佛。暂来即去者。亦不在此例。

设有病缘。当告假。不得随意自便。

众中或有去就乖角。语言相争。搅群乱众者。即移单出堂。

每一七完。养息半日。或静坐。或睡眠。俱默念佛名。切忌闲游杂话。

每日巡照师各寮巡察放逸。每夜击板念佛。以警策睡眠。

以上条约。有犯者。悦众师应举。举而不服者。罚知而不举者。同罚跪香一枝。

净业堂规约(并引)

夫生死海深。非念佛畴能济度。菩提路远。非净土孰可依凭。然苟非精进。三昧无以成功。未得一心。

九品安能自致。今以三年为限。数子同居。但专持乎六字洪名。唯致力乎一心不乱。第恐时长行久。懈怠易生。实丧名存。勋劳徒设。不加鞭策。无以约束身心。必有条章。方能齐一彼此。幸相规而相劝。无争我以争人。俾净业速成。华台早就。见弥陀于现在。证三昧于此生。诚如是。则所愿不虚矣。谨立规约如左。

每日课程。十时念佛。九时作观。一时礼忏。虽大寒大热。无得暂亏。

黑白半月。诵菩萨戒本。朔望日讽梵网经。经毕。长跪诵发愿文回向。

凡遇佛降生日、成道日、涅槃日及僧自恣日。俱宜设供献佛。随力为之。

每年新正起念佛七。祝延圣寿。腊月起七。以济年终被杀众生。

每夜黄昏候。到大殿施食。持变食真言四十九遍。念佛千声。以济鬼神。

每日念佛受斋。俱搭衣。朔望日午饭应持钵。非时食戒。佛制最严。宜并持之。

宜禁止游行。不得出寺观望。入城闲走。除为父母师长看病因缘。或可暂时告假。余俱不可。

告假须克定日期。若过期还者。罚跪香。或托事延缓。久假不归者。各宜自便。

宜谢绝迎送。尊客相看。略叙道话数语。寸香之外。念佛而已。若有问法因缘。不在此例。

宜屏弃杂务。凡经书、笔墨、诗偈、文字。一切置之高阁。不应重理。

不得应酬人间佛事。纵施主到山讽诵经呗。不宜辄许。设不得已。只可礼弥陀忏。念佛而已。

堂中除念佛外。一切不应杂话。纵有要事问答。亦宜低声。

念佛昏沉时。用小幡一首巡香。互相警策。

昏沉时。行幡至不起身者。罚香。有过不忏悔。

屡谏不止者。罚香。动气发粗。彼此斗争者。同罚。一人忍。一人嗔。嗔者罚香。

凡有过。宜互相规谏。设有违诤。即应忏悔。不得隔日、隔夜、隔时。

无故闯寮聚谈杂话者。罚香。非要事。止静不归堂者。罚香。

朝暮课毕回堂。维那合掌厉声。念呵责铭。以诫策我。我当长跪佛前。合掌承受。